LES CHANTS

DE BÉRANGER

SOUVENIRS EN TROIS TABLEAUX

REPRÉSENTÉS POUR LA PREMIÈRE FOIS, A PARIS, SUR LE THÉATRE DES VARIÉTÉS,
LE 17 OCTOBRE 1857.

PARIS. — IMPRIMERIE SIMON RAÇON ET COMP., RUE D'ERFURTH, 1.

LES CHANTS

DE

BÉRANGER

SOUVENIRS EN TROIS TABLEAUX

RECUEILLIS

PAR MM. CLAIRVILLE ET L. THIBOUST

REPRÉSENTÉS POUR LA PREMIÈRE FOIS, A PARIS, SUR LE THÉATRE DES VARIÉTÉS, LE 17 OCTOBRE 1857.

Publiés avec l'autorisation de M. Perrotin.

PARIS
MICHEL LÉVY FRÈRES, LIBRAIRES-ÉDITEURS
RUE VIVIENNE, 2 BIS.

1857

LES CHANTS
DE BÉRANGER

DISTRIBUTION DE LA PIÈCE

LE ROI D'YVETOT........................ LE MARQUIS DE CARABAS..............	M. AMBROISE.
ROGER BONTEMPS...................... LA MÈRE TOBY. (*Les Souvenirs du peuple*)..	Mlle DÉJAZET.
LISETTE..................................	Mlle JUDITH FÉREYRA.
FRÉTILLON................................	Mlle ALPHONSINE.
CATIN. (*La Vivandière*)....................	Mlle SCHNEIDER.
JEAN. (*L'Ivrogne et sa Femme*).............	M. DELIÈRE.
LE COMMISSAIRE. (*Le Bon Ménage*)........	M. VIDEIX.
UN BUVEUR..............................	M. HECTOR.
UN GARÇON DE CABARET...............	M. THÉODORE.

LAQUAIS.

PAYSANS ET PAYSANNES.

CHANSONS DE BÉRANGER PERSONNIFIÉES.

Toutes les indications sont prises de la gauche et de la droite du spectateur. Les personnages sont inscrits en tête des scènes dans l'ordre qu'ils occupent au théâtre. — Les changements de position sont indiqués par des renvois au bas des pages.

LES CHANTS DE BÉRANGER

Une place de village. — A gauche, au premier plan, un cabaret avec cette enseigne : *A la Pomme de Pin*. — Tables et chaises devant le cabaret.

SCÈNE PREMIÈRE

JEAN, BUVEURS, PAYSANS, PAYSANNES; puis PAILLASSE, puis LE COMMISSAIRE.

Au lever du rideau, le vieux ménétrier est debout sur un tonneau, au milieu, et râcle son violon. Les paysans dansent en rond autour de lui. — Tableau animé d'une fête champêtre. — Des buveurs sont attablés au cabaret de gauche.

CHŒUR.

Air : *C'est l'amour.*

Chers enfants, dansez, dansez,
Votre âge
Échappe à l'orage;
Par l'espoir gaiement bercés,
Dansez, chantez, dansez !

LE PAILLASSE, entrant par la droite[1].

Par ici les exercices du Paillasse... Je saute pour tout le monde! (On l'entoure.)

[1] Jean, le Buveur, Paillasse.

JEAN, *à une table à gauche.*

AIR : *Quand les bœufs vont deux à deux.*

Trinquons, et toc, et tin, tin, tin!

UN BUVEUR.

Jean, tu bois depuis le matin.
Ta femme est une vertu,
Ce soir tu seras battu.

JEAN.

Jeanne pour moi seul est tendre;
Là-bas laissons-la m'attendre.

LE BUVEUR.

Mais, maudissant son époux.
Jeanne, la puce à l'oreille.
Bat sa chatte que réveille
La tendresse des matous.

JEAN.

Trinquons, et toc, et tin, tin, tin!

LE CHŒUR.

Jean, tu bois depuis le matin.
Ta femme est une vertu,
Ce soir tu seras battu.

UNE VOIX DE FEMME, *en dehors à droite.*

Au secours! à l'aide! à la garde!

LES BUVEURS, *se levant et allant regarder à droite.*

Ah! mon Dieu! qu'est-ce que c'est que cela?

JEAN.

Tiens! c'est Colin qui bat Colette.

UNE FEMME.

Ah! le gueux! heureusement, voilà le Commissaire. (*Le Commissaire entre par la gauche.*)

CHŒUR [1].

AIR *de la Légère.*

Commissaire, *Bis.*
Colin bat sa ménagère.

[1] Le Commissaire, Jean, le Buveur.

JEAN.

Commissaire,
Laissez faire ;
Pour l'amour
C'est un beau jour!

ROGER BONTEMPS, en dehors.

Eh bien! qu'est-ce que c'est donc que ça? On se bat!

JEAN.

Quand je vous le disais! V'là le petit Roger Bontemps qui les raccommode.

ROGER BONTEMPS, entrant par la droite[1].

Ne vous dérangez pas, monsieur le Commissaire... (Montrant la droite.) Tenez... regardez... les voilà qui s'embrassent.

LE COMMISSAIRE.

Eh bien, j'aime mieux ça. (Il sort par la gauche.)

SCÈNE II

LES MÊMES, moins le Commissaire; ROGER BONTEMPS.

JEAN, à Roger[2].

Qu'est-ce que c'est que ça?... Ton manteau de bure, ton chapeau de tous les jours, ton vieil habit... un jour de fête!

ROGER.

AIR *de l'Artiste*.

Du chapeau de son père
Coiffé dans les grands jours ;
De roses et de lierre
Le rajeunir toujours;
Mettre un manteau de bure,
Vieil ami de vingt ans,
Eh gai! c'est la parure } *Bis.*
Du vrai Roger Bontemps! }

[1] Jean, le Commissaire, Roger Bontemps, le Buveur.
[2] Jean, Roger Bontemps, le Buveur.

JEAN.

Eh bien, qu'est-ce qu'est donc devenu ce fameux habit de gala, que t'avais soi-disant acheté pour te rendre à la fête que nous donne aujourd'hui Son Altesse, notre bon roi d'Yvetot?

ROGER.

Mon habit de gala!... Il me gênait dans les entournures!... Ah! mes amis, que c'est gênant, l'étiquette!... Saluer tout le monde, ça me faisait mal dans le dos... Enfin, après avoir déjeuné avec ceux-ci, dîné avec ceux-là, j'allais arriver au palais de Son Altesse lorsque je rencontre Rose... vous savez, la petite Rose, qui n'exige pas d'habit de gala, qui n'exige même pas d'habit du tout.

TOUS.

Eh bien?

ROGER.

Eh bien!

AIR : *Allons-nous-en, gens de la noce.*

Loin du palais où la coquette
Vient parfois lorgner la grandeur,
Elle m'entraîne à sa chambrette
Si favorable à notre ardeur.
Près de Rose, je le confesse,
Mon habit me paraît bien lourd.
Ah! quel beau jour!
Soudain, oubliant Son Altesse,
J'ai quitté mon habit de cour.

JEAN.

Eh bien, qu'est-ce qu'il est devenu?

ROGER.

Je n'en sais rien : je l'ai laissé là. Sous celui-ci je me sens plus à l'aise.

TOUS.

Oh!

ROGER.

AIR : *Je vais bientôt quitter l'empire.*

Respectez mon indépendance,
Esclaves de la vanité;

C'est à l'ombre de l'indigence
Que j'ai trouvé la liberté. *Bis.*
Jugez, aux chants qu'elle m'inspire,
Quel est sur moi son ascendant. *Bis.*
Lisette seule a le droit de sourire
Quand je lui dis : Je suis indépendant. *Bis.*

JEAN.

Au fait il a raison.

UN BUVEUR.

Ah çà! si nous allions au-devant du roi d'Yvetot. (Il remonte et redescend à gauche.)

JEAN.

C'est une idée : viens-tu avec nous, Roger?

ROGER.

Ma foi non! j'ai donné rendez-vous ici, au cabaret de la *Pomme de Pin*. Il me va, à moi, ce cabaret.

JEAN [1].

Ah! mes enfants! si vous l'aviez connu du temps de sa première patronne, quelle différence!

AIR *connu*.

C'était de mon temps
Que brillait madame Grégoire ;
J'allais à vingt ans
Dans son cabaret rire et boire.
Elle attirait les gens
Par des airs engageants.
Plus d'un brun à large poitrine
Avait là crédit sur la mine.
Ah! comme on entrait
Boire à son cabaret!

TOUS.

Ah! comme on entrait
Boire à son cabaret!

ROGER.

Tout est bien changé :
N'ayant plus rien à mettre en perce,

[1] Le Buveur, Jean, Roger Bontemps.

Elle a pris congé
Et des plaisirs et du commerce.
On ne nous rendra pas
Sa cave et ses appas.
Longtemps encore chaque pratique
S'écriera devant sa boutique :
Ah ! comme on entrait
Boire à son cabaret !

TOUS.

Ah ! comme on entrait
Boire à son cabaret !

(Les paysans sortent à gauche.)

SCÈNE III

ROGER, seul.

Ils s'étonnent de la pauvreté de mon costume... Ils voudraient me voir en habit brodé !... Le fait est que Lisette me trouverait plus gentil...

UNE VOIX, dans la coulisse de droite.

Vieux habits ! vieux galons !

ROGER, ôtant son habit.

Bah ! ils ont raison ! Hé ! marchand d'hab... (Il s'arrête.) C'est singulier ! vendre mon vieil habit, on dirait que ça me serre le cœur.

AIR : *T'en souviens-tu? disait un capitaine.*

Je me souviens, car j'ai bonne mémoire,
Du premier jour où je te mis.
C'était ma fête, et, pour comble de gloire,
Tu fus chanté par mes amis.
Ton indigence, qui m'honore,
Ne m'a point banni de leurs bras.
Tous ils sont prêts à nous fêter encore :
Mon vieil ami, ne nous séparons pas ! } *Bis.*

(Il remet son habit, sur la ritournelle.)

A ton revers j'admire une reprise :
C'est encore un doux souvenir.
Feignant un soir de fuir la tendre Lise,
Je sens sa main me retenir.
On te déchire, et cet outrage
Auprès d'elle enchaîne mes pas.
Lisette a mis trois jours à tant d'ouvrage...
Mon vieil ami, ne nous séparons pas !

Ah! je me sens plus à l'aise là dedans!... (On entend fredonner dans la coulisse.)

SCÈNE IV

ROGER, LISETTE.

LISETTE, entrant par la droite.

AIR : *Bon! la faridondaine.*

Bon !
La farira dondaine.
Gai !
La farira dondé.

Au drame du jour
Laissons la morale ;
Sans vivre à la cour,
J'aime le scandale.
Bon !
La farira dondaine,
Gai !
La farira dondé.

ENSEMBLE.

Bon !
La farira dondaine,
Gai !
La farira dondé.

ROGER.

Lisette! ma petite Lisette !

LISETTE.

Vous ici, monsieur!... (A part.) Mon Dieu! et le marquis de Carabas qui va venir!

ROGER.

C'était comme un pressentiment, j'étais sûr de te voir.

LISETTE.

Comment cela?

ROGER.

Parce que toute la nuit j'ai rêvé de toi.

LISETTE.

En vérité?

ROGER.

Oui, je te revoyais encore grimpant avec moi mes six étages; je te revoyais dans ce grenier où j'ai composé mes premières chansons, dans ce grenier témoin de nos premières amours!

AIR *du Carnaval*.

Lisette en songe a daigné m'apparaître,
Vive, jolie, avec un frais chapeau;
Déjà sa main à l'étroite fenêtre
Suspend son châle en guise de rideau.
Sa robe aussi doit parer ma couchette.
Respecte, amour, ses plis longs et flottants.
J'ai su depuis qui payait sa toilette :
Dans un grenier qu'on est bien à vingt ans!

LISETTE.

Oui, monsieur, certainement qu'à vingt ans l'on est très-bien dans un grenier; mais il y a temps pour tout, et, quand on a votre esprit, que l'on fait des chansons que tout le monde répète, un peu d'ambition serait bien permis, et, ne fût-ce que pour moi, vous devriez en avoir, chercher à devenir quelque chose.

ROGER.

Moi, devenir quelque chose! impossible! Je suis chansonnier, et ne veux rien être de plus; en me créant, Dieu m'a dit : « Ne sois rien! »

LISETTE.

Comme il vous plaira, monsieur.

ROGER.

Mais réfléchis donc! A moi des honneurs, une place qui m'enchaîne, des protecteurs à solliciter! et que deviendraient mes chansons au milieu de tout cela? Oh non! pour toi-même, je tiens à ma liberté.

LISETTE.

Pour moi?

ROGER.

Mais sans doute; si j'avais un emploi, si j'obéissais à des devoirs, te verrais-je si souvent? Et puis, Lisette, je pense à l'avenir et je me dis : Si l'on m'aime un peu, c'est peut-être à cause de mon obscurité, personne ne me jalouse, personne ne m'envie.

LISETTE.

Et monsieur, qui aime tout le monde, tient beaucoup à être aimé?

ROGER.

Dame! aimer, c'est être utile à soi; se faire aimer, c'est être utile aux autres.

LISETTE.

Mais Roger...

ROGER.

AIR : *Muse des bois.*

Vous vieillirez, ô ma belle maîtresse!
Vous vieillirez, et je ne serai plus.
Pour moi le Temps semble dans sa vitesse
Compter deux fois les jours que j'ai perdus.
Survivez-moi; mais que l'âge pénible
Vous trouve encor fidèle à mes leçons,
Et, bonne vieille, au coin d'un feu paisible,
De votre ami répétez les chansons.

On vous dira : Savait-il être aimable?
Et, sans rougir, vous direz : Je l'aimais.
— D'un trait méchant se montra-t-il capable?

Avec orgueil vous répondrez : Jamais!
Levez les yeux vers ce monde invisible
Où pour toujours nous nous réunissons;
Et, bonne vieille, au coin d'un feu paisible,
De votre ami répétez les chansons.

LISETTE.

Ce cher Roger! (A part.) Mais le marquis... Comment faire?... (Haut.) J'y pense. Monsieur le moraliste, que faites-vous donc ici, au cabaret de la *Pomme de Pin*.

ROGER.

D'abord, j'y suis venu pour la fête; ensuite, j'espérais y rencontrer l'aveugle de Bagnolet, qui m'avait demandé une chanson.

LISETTE, à part.

Oh! le bon motif pour l'éloigner. (Haut.) Justement, il est au cabaret du *Roi d'Yvetot*, à l'autre bout du village.

ROGER.

Vrai, tu en es sûre.

LISETTE.

Je l'y ai vu.

ROGER.

J'y cours... Veux-tu venir avec moi?

LISETTE.

C'est impossible, j'attends ici Frétillon et Margot.

ROGER.

Ah! Lisette, deux bien mauvaises connaissances.

LISETTE.

Vous n'avez pas toujours dit ça, mauvais sujet.

ROGER.

Oh! il y a si longtemps!... Tu as été mon premier amour, et tu seras mon dernier. Il n'y a que deux amours dans la vie, vois-tu : le premier et le dernier. Les autres ne comptent pas... Enfin, te retrouverai-je ici?

LISETTE.

Non, j'irai vous rejoindre.

ROGER, passant à droite [1].

Bravo! mais, je t'en prie, plus d'ambition, plus de vains rêves de grandeur, crois-moi, Lisette...

AIR *connu*.

Les gueux, *Bis*.
Sont les gens heureux;
Ils s'aiment entre eux:
Vivent les gueux!

Quel dieu se plaît et s'agite
Sur ce grabat qu'il fleurit?
C'est l'Amour qui rend visite
A la Pauvreté qui rit.

Les gueux, *Bis*.
Sont les gens heureux;
Ils s'aiment entre eux:
Vivent les gueux!

ENSEMBLE.

Les gueux, *Bis*.
Sont les gens heureux;
Ils s'aiment entre eux:
Vivent les gueux!

(Roger sort par la droite.)

SCÈNE V

LISETTE seule.

Ce bon Roger! C'est singulier, plus je le vois, plus je l'écoute, plus je l'aime! O les poëtes, les poëtes! c'est gentil, ça a du cœur; mais les marquis de Carabas, ça a des châteaux!... (Ritournelle de l'air suivant, allant voir au fond, à gauche.) Qu'entends-je! c'est lui! c'est le marquis... Ma foi, il était temps! (Elle se tient à l'écart.)

[1] Lisette, Roger Bontemps.

SCÈNE VI

LISETTE, LE MARQUIS DE CARABAS, PAYSANS.

Le Marquis entre en scène dans une chaise à porteur.

LES PAYSANS.

Chapeau bas! *Bis.* } *Bis.*
Gloire au Marquis de Carabas!

LE MARQUIS.

Manants et châtelains,
Vassaux, vavassaux et vilains,
C'est moi, corbleu! c'est moi
Qui seul ai rétabli mon roi.
Mais, s'il ne me rend
Les droits de mon rang,
Avec moi, corbleu!
Il verra beau jeu.
Chapeau bas! *Bis.*
Gloire au Marquis de Carabas!

TOUS.

Chapeau bas! *Bis.*
Gloire au Marquis de Carabas!

LE MARQUIS.

Pour me calomnier,
Bien qu'on ait parlé d'un meunier,
Ma famille eut pour chef
Un des fils de Pépin le Bref.
D'après mon blason,
Je crois ma maison
Plus noble, ma foi,
Que celle du roi.
Châpeau bas! *Bis.*
Gloire au marquis de Carabas!

TOUS.

Chapeau bas! *Bis.*
Gloire au marquis de Carabas!

(Les paysans sortent à droite et à gauche.)

LE MARQUIS, voyant Lisette qui s'approche [1].

Eh! de par la sambleu! voilà cette petite vilaine de Lisette.

LISETTE.

Comment, vilaine!

LE MARQUIS.

Eh oui! une vilaine jolie; tu es jolie, mais tu es vilaine, tu es une jolie vilaine.

LISETTE.

Eh bien! vous n'êtes pas un beau vilain, vous êtes un vilain laid.

LE MARQUIS.

Je suis laid, mais je ne suis pas vilain, de par la sambleu! Et, si nous étions encore aux beaux jours de la féodalité, je te le prouverais en usant despotiquement de mon beau droit du seigneur; hé! hé! hé! (Il rit.)

LISETTE.

Oui, mais le roi d'Yvetot ne veut plus en entendre parler de votre beau droit.

LE MARQUIS.

Mais certainement tout dégénère.

AIR : *Allez-vous-en, gens de la noce.*

Je le dis sans blesser personne,
Notre âge n'est point l'âge d'or;
Mais nos fils, qu'on me le pardonne!
Vaudront bien moins que nous encor.
Pour peupler la machine ronde,
Qu'on est fou de mettre du sien!
Ah! pour un rien,
Oui, pour un rien,
Nous laisserions finir le monde...
Si nos femmes le voulaient bien.

[1] Lisette, le Marquis.

LISETTE.

Est-ce tout ce que vous avez à me dire?

LE MARQUIS.

Non pas! tu sais ce que je t'ai promis?

LISETTE.

Mais vous savez que je n'ai rien accepté?

LE MARQUIS.

Allons, allons, méchante! que diable! quand je veux faire de toi une marquise, te couvrir de dentelles et de diamants, te donner un carrosse et deux chevaux gris pommelés...

LISETTE.

Certainement, les gris pommelés, le carrosse, les diamants et les dentelles, ça m'irait; d'abord, ça ferait enrager Frétillon, qui m'écrase de son luxe; mais reste à savoir ce que me coûterait ce plaisir-là...

LE MARQUIS.

Que parles-tu de te coûter; mais, au contraire, il te rapporterait. Tiens, si tu veux me suivre en mon castel, je te fais don de tous les falbalas de ma sœur, la marquise de Pretintaille, et, de plus, je te donne cinquante écus de rente.

LISETTE.

Cinquante écus de rente?

LE MARQUIS.

Eh bien, qu'en dis-tu?

LISETTE.

Air nouveau de M. Nargeot.

Adieu Suresne et ses coteaux!
Le bordeaux,
Le mursaulx,
L'aï que l'on chante
Vont donc enfin m'être connus!
J'ai cinquante écus *Ter.* } *Bis.*
De rente! }

LE MARQUIS, à part.

Elle y mord!

LISETTE.

Robes, bijoux, loisirs, amours,
Pour huit jours
Des plus courts
Comblez mon attente.
Le fond suivra les revenus.
J'ai cinquante écus *Ter.*
De rente.

LE MARQUIS, à part.

La petite est à moi! Frétillon sera furieuse! (Haut.) Ainsi, tu acceptes?

LISETTE.

Ma foi, tant pis, je m'encarabasse.

LE MARQUIS.

Ma foi, tant mieux, je m'encanaille!

AIR *connu.*

Nargue des vertus!
On n'en sait que faire.

LISETTE, à part.

Aux sots revêtus
Le tout est de plaire.

ENSEMBLE.

Bon!
La farira dondaine,
Gai!
La farira dondé.

(Ils sortent par la droite.)

SCÈNE VII

FRÉTILLON.

Elle entre par la gauche dans un riche costume pouvant se défaire en scène. — Elle a une petite ombrelle ouverte à la main. — Un petit groom d'un pied la suit en tenant la queue de sa robe. — Elle a vu sortir le Marquis et Lisette.

Corbleu! sarpejeu! qu'est-ce que je vois là-bas!... Lisette avec le Carabas, mon adorateur!... Et je souffrirais, moi, Camille, dite Frétillon... Courons leur arracher les yeux. (Elle va pour sortir et s'arrête en riant.) Ah! ah! ah! Eh! bien, qu'est-ce que cela me fait, à moi!

Air nouveau de J. Nargeot.

Je sais fort bien que sur moi l'on babille;
Que, soi-disant,
J'ai le ton trop plaisant;
Mais cet air amusant
Sied si bien à Camille!
Philosophe par goût,
Et toujours, et de tout,
Je ris, je ris, tant je suis bonne fille! *Bis.*

Un grand seigneur, qui de clinquant petille,
Après qu'un jour
Il m'eut fait voir la cour,
Enrichit mon amour
De ce jonc qui scintille.
J'en fais voir le chaton :
C'est du faux! me dit-on.
Et moi j'en ris, tant je suis bonne fille! *Bis.*

(Au groom.) John! allez m'attendre à mon hôtel! Dites à M. mon laquais de dire à M. mon cocher de mettre messieurs mes chevaux à ma voiture!... Allez! (Le petit domestique sort par la gauche.)

SCÈNE VIII

FRÉTILLON, ROGER BONTEMPS.

ROGER, entrant par la droite.

Ah! mon Dieu! mon Dieu! quel malheur!

FRÉTILLON.

Roger Bontemps! Bonjour, petit!

ROGER.

C'est toi! Ah! je te rencontre à propos.

FRÉTILLON.

Qu'est-ce donc?

ROGER.

Tu sais bien, ce pauvre Turlupin!

FRÉTILLON.

Turlupin! En voilà un gredin! Je l'aimais à l'adoration, et le scélérat ne s'est-il pas avisé de lever la main sur moi... et de la laisser retomber... Ah! les hommes! quels arlequins!

ROGER.

Il t'a battue!

FRÉTILLON.

C'est un être sans délicatesse.

ROGER.

Eh bien, ma pauvre enfant, il ne te battra plus.

FRÉTILLON.

Comment cela?

ROGER.

Il est en prison.

FRÉTILLON.

En prison!

ROGER.

Pour mille écus qu'il avait empruntés à l'ami Robin, et qu'il n'a pas pu lui payer à l'échéance du billet.

FRÉTILLON.

En prison! lui, Turlupin, un si bon garçon, un homme que j'aimais tant.

ROGER.

Mais il te battait.

FRÉTILLON.

Eh bien, qu'est-ce que ça fait! Ah! petit, tu ne connais pas le cœur des femmes... Il me battait... (pleurant) mais il avait tant de qualités!... Lui, en prison, dans un vilain cachot tout noir... lui!... un homme de cinq pieds huit pouces!... jamais! (Détachant ses boucles d'oreilles.) Sais-tu ce que ça peut valoir, ça?

ROGER.

Dame non! je ne suis pas bijoutier.

FRÉTILLON, défaisant son collier et ses bracelets.

Attends!... mon collier, mes bracelets, ça ne suffira peut-être pas!... (Commençant à se déshabiller.) Ah! quelle idée!

ROGER.

Que fais-tu donc?

FRÉTILLON.

Je me déshabille.

ROGER, discret.

Alors je m'en vais! (Fausse sortie à droite.)

FRÉTILLON.

Oh! tu ne me gênes pas!

ROGER, revenant.

Ah! alors, je reste; mais pourquoi te déshabiller?

FRÉTILLON.

C'est facile à deviner, je veux le sauver! Je veux sauver Turlupin!... un homme qui me battait si bien! non, qui m'aimait si bien!

ROGER.

Eh quoi! ce serait?...

FRÉTILLON.

Pardine!

ROGER.

Frétillon! c'est superbe ce que tu fais là. (Frétillon, à mesure qu'elle retire ses effets, les met sur la table de gauche.)

AIR *connu*.

Deux fois elle eut équipage,
Dentelles et diamants,
Et deux fois mit tout en gage
Pour quelques fripons d'amants.
Ma Frétillon. *Bis.*
Cette fille
Qui frétille
Reste avec un cotillon.

ENSEMBLE.

Oui, Frétillon, *Bis.*
Cette fille
Qui frétille
Reste avec un cotillon.

FRÉTILLON.

Oui, je veux qu'on puisse apprendre
Que le peu qui lui restait,
Frétillon a pu le vendre
Pour l'ingrat qui la battait.

ROGER, à part, entre ses dents.

Ma Frétillon, *Bis.*
Cette fille
Qui frétille
Mourra sans un cotillon.

ENSEMBLE.

Ma / Oui, } Frétillon. *Bis.*
Cette fille
Qui frétille
Mourra sans un cotillon.

FRÉTILLON, en cotillon, passant à droite [1].

Là ! voilà qui est fait ! Ouf ! je respire. Bonsoir à mon hôtel, à mes cuisiniers, à mes laquais, à mes chevaux, à tout le monde ! Je ne sentais pas mon cœur battre sous ces oripeaux ! Et maintenant, oh ! maintenant, j'existe.

ROGER.

Tu renonces à la richesse avec le Carabas !

FRÉTILLON.

J'aime mieux une mansarde avec mon Turlupin !

AIR : *Turlurette.*

Que dans l'or mangent les grands :
Il ne faut à deux amants
Qu'un seul verre, qu'une assiette,
Turlurette, *Bis.*
Bon vin et fillette.

Sur un trône est-on heureux ?
On ne peut s'y placer deux.
Mais vivent table et couchette !
Turlurette, *Bis.*
Bon vin et fillette.

ROGER, lui donnant son bouquet.

Bien, ma fille ! Tiens, voilà pour remplacer tes diamants !

Même air.

Si pauvreté qui nous suit
A des trous à son habit,
De fleurs ornons sa toilette...
Turlurette, *Bis.*
Bon vin et fillette !

ENSEMBLE.

Turlurette,
Bon vin et fillette !

FRÉTILLON, passant à gauche.

Adieu, petit. (Elle prend ses vêtements et ses bijoux, qu'elle a posés sur la table de gauche.)

[1] Roger Bontemps, Frétillon.

ROGER[1].

Eh bien, où vas-tu?

FRÉTILLON.

Vendre tout cela. Dame, il faut bien s'entr'aider.

ROGER.

Tu as raison.

AIR : *De la Treille de sincérité.*

Dieu lui-même
Ordonne qu'on aime;
Je vous le dis, en vérité,
Sauvons-nous par la charité!

ENSEMBLE.

Dieu lui-même
Ordonne qu'on aime;
Je vous le dis, en vérité,
Sauvons-nous par la charité!

(Frétillon sort par la gauche.)

SCÈNE IX

ROGER seul.

Je ne sais... mais cette action si simple, et pourtant si rare... malgré moi... l'émotion... j'ai une grosse larme qui descend... Oh! que c'est bête!... (Appelant.) Garçon!... du vin!

UN GARÇON, apportant une bouteille et un verre, qu'il met sur la table de gauche.

Voilà! voilà!

ROGER, allant s'asseoir à la table de gauche et se versant à boire.

Bonne Frétillon!... Elle fait peut-être une folie... Eh bien, elle a raison!... Il n'y a que ça de vrai dans la vie!... Vivent les fous! ils ont du cœur, des espérances, de beaux rêves couleur

[1] Frétillon, Roger Bontemps.

de rose, que le bon Dieu leur envoie! (Élevant son verre.) A la santé des fous! (Se levant.)

Air : *Ce magistrat irréprochable.*

Vieux soldats de plomb que nous sommes,
Au cordeau nous alignant tous,
Si des rangs sortent quelques hommes,
Tous nous crions : A bas les fous! *Bis.*
On les persécute, on les tue,
Sauf, après un lent examen,
A leur dresser une statue,
Pour la gloire du genre humain! } *Bis.*

LISETTE, en dehors à droite.

Plus doucement donc, plus doucement donc, laquais.

ROGER, regardant à droite.

Cette voix... que vois-je?... Se peut-il?...

SCÈNE X

ROGER, LISETTE, en marquise de Pretintaille et suivie d'un très-grand laquais qui lui tient la queue de sa robe.

LISETTE, entrant par la droite.

Air *connu.*

Marquise à trente quartiers pleins,
J'ai pris mes droits sur les vilains
Et désormais je m'encanaille.
D'un ton fier je leur dis : Venez!
Mais, sous mes rideaux blasonnés,
Vils roturiers,
Respectez les quartiers
De la marquise de Pretintaille!

(Elle passe à gauche, en se carrant.)

ROGER, la saluant [1].

Madame la marquise!...

[1] Lisette, Roger Bontemps.

LISETTE, à part.

Roger!

ROGER.

AIR *connu*.

Quoi! Lisette, est-ce vous?
Vous en riche toilette!
Vous avez des bijoux...
Vous avez une aigrette!
Eh! non, non, non!
Vous n'êtes plus Lisette.
Eh! non, non, non!
Ne portez plus ce nom.

Vos pieds dans le satin
N'osent fouler l'herbette;
Des fleurs de votre teint
Où faites-vous emplette?
Eh! non, non, non!
Vous n'êtes plus Lisette.
Eh! non, non, non!
Ne portez plus ce nom.

(Il passe à gauche.)

LISETTE, parlé [1].

Roger!... oh! je n'ai pas oublié notre amour, va!

ROGER.

Si l'amour est un dieu,
C'est près d'une fillette.
Adieu, madame, adieu,
En duchesse on vous traite.
Eh! non, non, non!
Vous n'êtes plus Lisette.
Eh! non, non, non!
Ne portez plus ce nom.

(Il sort à gauche.)

LISETTE, seule un instant.

Il s'éloigne, il me fuit... C'est drôle... Je ne suis plus si à

[1] Roger Bontemps, Lisette.

mon aise dans ma belle robe, je trouve que mon grand laquais a l'air bête... Va-t'en, grand imbécile, et dis au Carabas que je soupe ce soir avec Roger Bontemps... Je n'en veux plus, de belles robes. (Le domestique sort par la droite.)

Eh! non, non, non!
Je veux rester Lisette.
Eh! non, non, non!
Je veux garder ce nom!

(Elle sort à gauche.)

SCÈNE XI

LE ROI D'YVETOT, JEANNETON, L'ANE, LE CHIEN, PAYSANS ET PAYSANNES.

Ils entrent par la droite.

LES PAYSANS.

Vive le roi d'Yvetot!...

CHŒUR.

Il est un bon roi d'Yvetot,
Peu connu dans l'histoire,
Se levant tard, se couchant tôt,
Dormant fort bien sans gloire.

LE ROI.

Et couronné par Jeanneton
D'un simple bonnet de coton,
Dit-on!

TOUS.

Oh! oh! oh! oh! ah! ah! ah! ah!
Ah! le bon roi que celui-là!
La, la!

LE ROI.

Oui, je fais mes quatre repas
Dans mon palais de chaume,
Et sur mon âne, pas à pas,
Je parcours mon royaume.
Joyeux, simple et croyant le bien,
Pour toute garde je n'ai rien
Qu'un chien.

TOUS.

Oh! oh! oh! oh! ah! ah! ah! ah!
Ah! le bon roi que celui-là!
La la!

(Pendant ce temps, le garçon a distribué des gobelets aux paysans et leur a versé à boire.)

UN PAYSAN, à droite.

A la santé du roi d'Yvetot!

TOUS.

A la santé du roi d'Yvetot! (Ils boivent.)

LE ROI, qui est descendu de son âne et à qui on a donné un verre plein.

Merci, mes amis, merci!...

AIR : *Contentons-nous d'une simple bouteille.*

De me fêter, eh quoi! chacun s'empresse,
A ma santé coule un vin généreux.
Ce doux accueil enhardit ma vieillesse,
Je crains toujours d'attrister les heureux.
Que les plaisirs vous couvrent de leurs ailes;
Avec le temps vous compterez plus tard.
Amis du vin, de la gloire et des belles,
Daignez sourire aux chansons d'un vieillard!

TOUS.

Amis du vin, de la gloire et des belles,
Nous sourions aux chansons d'un vieillard.

LE ROI.

AIR : *Vive le vin de Ramponneau.*

Le vin charme tous les esprits.
Qu'on le donne
Par tonne!
Que le bon vin pleuve à tout prix,
Pour voir les gens les plus aigris
Gris!

Loin du fracas
Des combats,
Dans nos vins délicats
Mars a noyé ses foudres.
Gardiens de nos
Arsenaux,
Cédez-nous les tonneaux
Où vous mettiez vos poudres!

LE CHŒUR.

Le vin charme tous les esprits,
Qu'on le donne
Par tonne!
Que le bon vin pleuve à tout prix,
Pour voir les gens les plus aigris
Gris!

LE ROI.

L'or a cent fois
Trop de poids;
Un essaim de grivois,
Buvant à leurs mignonnes,
Trouve, au total,
Ce cristal
Préférable au métal
Dont on fait les couronnes.

LE CHŒUR.

Le vin charme tous les esprits.
Qu'on le donne
Par tonne!

Que le bon vin pleuve à tout prix,
Pour voir les gens les plus aigris
Gris!

(On trinque bruyamment.)

CATIN, en dehors, à gauche.

Mais attendez-moi donc, mille millions de paquets de moustaches.

TOUS, remontant.

Qu'est-ce que c'est que ça!

LE ROI, regardant à gauche.

Tiens! une petite vivandière.

TOUS.

Oh! qu'elle est gentille!

LE ROI.

Et quel drôle d'uniforme!

SCÈNE XII

LES MÊMES, CATIN.

CATIN, entrant par la gauche[1].

AIR *connu*.

Vivandière du régiment,
C'est Catin qu'on me nomme.
Je vends, je donne et bois gaiement
Mon vin et mon rogomme.
J'ai le pied leste et l'œil mutin,
Tin tin, tin tin, tin tin, r'lin tin tin!
J'ai le pied leste et l'œil mutin,
Soldats, voilà Catin!

LE ROI.

Elle est charmante.

[1] Le Roi, Catin.

CATIN.

J'ai fait plus que maint duc et pair
Pour mon pays que j'aime.
A Madrid, si j'ai vendu cher,
Et cher à Moscou même,
J'ai donné gratis à Pantin,
Tin tin, tin tin, tin tin, r'lin tin tin!
J'ai donné gratis à Pantin...
Soldats, voilà Catin!

LE ROI.

Et que désirez-vous, ma belle enfant?

CATIN.

Primo, d'abord et d'une, je désire qu'on m'indique le chemin qui me conduirait le plus vite au village de Parmais.

LE ROI.

Eh! pardine, ça n'est pas loin : la plaine et le petit bois à traverser, et vous y êtes.

CATIN.

Allons, demi-tour à gauche... gauche! en avant, marche! (Elle remonte un peu.)

LE ROI.

Comment! vous ne vous reposez pas un instant, histoire de vous rafraîchir?

CATIN, redescendant.

Me rafraîchir... ce n'est pas de refus, car j'ai doublé les étapes, je suis un peu fatiguée et je n'ai plus rien dans mon bidon.

LE ROI, lui versant à boire.

Il y a longtemps que vous servez?

CATIN, salut militaire.

Huit ans de service, trente-six campagnes, dix-huit blessures.

LE ROI.

Mazette! Et c'est votre amoureux que vous allez rejoindre?

CATIN.

Mon amoureux : connais pas. Je vais rejoindre ma vieille

grand'mère, une digne femme que je n'ai pas revue depuis mon enfance, et qui doit m'attendre avec une impatience...

LE ROI.

Ah! dame! ça se comprend... quand on a comme vous...

CATIN.

Huit ans de service, trente-six campagnes et dix-huit blessures.

LE ROI.

Oui, ça compte.

CATIN.

Mais, assez causé! merci, les anciens, portez-vous bien. (Elle remonte.)

LE ROI.

Vous nous quittez déjà, sans nous raconter quelques-unes de vos campagnes?

CATIN, redescendant.

Ce serait trop long.

Même air.

Je fus chère à tous nos héros :
Hélas! combien j'en pleure!
Aussi soldats et généraux
Me comblaient à toute heure
D'amour, de gloire et de butin,
Tin tin, tin tin, tin tin, r'lin tin tin!
D'amour, de gloire et de butin...
Soldats, voilà Catin!

TOUS.

D'amour, de gloire et de butin.
Tin tin, tin tin, tin tin, r'lin tin tin!
Soldats, voilà Catin!

(Tous remontent et font des signes d'adieu à Catin, qui disparaît par la droite.)

Le théâtre change et représente la chaumière de la mère Toby. — Un fauteuil, un bahut, une chaumière. — Sur le mur du fond un portrait de Napoléon. — Portes à gauche et à droite.

SCÈNE XIII

LA MÈRE TOBY, PAYSANNES; puis CATIN.

PAYSANNES, entrant par la gauche.

Mère Toby! mère Toby!

LA MÈRE TOBY, entrant par la droite.

Eh bien! quoi! qu'est-ce qu'il y a?... Est-ce que le feu est à ma chaumière!

UNE PAYSANNE.

V'là vot' petite fille!...

LA MÈRE TOBY.

Catin!

CATIN, entrant par la gauche[1].

Présente! (Elle se jette dans les bras de sa grand'mère et l'embrasse.)

LA MÈRE TOBY.

C'est toi, petiote... Embrasse-moi donc encore!... (Elles s'embrassent.) Comme t'es pimpante!...

CATIN.

Et vous, grand'mère, ça va bien...

LA MÈRE TOBY.

Eh! ma foi, oui... toujours bon pied, bon œil... Mais je demande à m'asseoir. (On lui avance un vieux fauteuil, elle s'assied.)

CATIN, remontant.

Que ça fait de bien de se retrouver au pays, dans sa chaumière! C'est que rien n'est changé... Le vieux bahut!... (Apercevant le portrait de l'Empereur.) Ah! doucement... présentez... armes!

LA MÈRE TOBY[2].

Oui... son portrait... c'est un souvenir, mon enfant...

CATIN.

Un souvenir?

[1] Catin, mère Toby.
[2] La mère Toby, Catin.

LA MÈRE TOBY.

Air nouveau de M. Eugène Déjazet.

Mes enfants, dans ce village,
Suivi de rois il passa.
Voilà bien longtemps de ça...
Je venais d'entrer en ménage.
A pied, grimpant le coteau,
Où, pour voir, je m'étais mise,
Il avait petit chapeau
Avec redingote grise.
Près de lui je me troublai;
Il me dit : Bonjour, ma chère,
Bonjour, ma chère.

CATIN.

Il vous a parlé, grand'mère?

LA MÈRE TOBY.

Oui, ma fille, il m'a parlé.

Mais, quand la pauvre Champagne
Fut en proie aux étrangers,
Lui, bravant tous les dangers,
Semblait seul tenir la campagne.
Un soir, tout comme aujourd'hui,
J'entends frapper à la porte;
J'ouvre... bon Dieu! c'était lui,
Suivi d'une faible escorte.
(Se levant)
Il s'asseoit où me voilà,
S'écriant : O quelle guerre!
O quelle guerre!

CATIN.

Il s'est assis là, grand'mère?

LA MÈRE TOBY.

Ma fille, il s'est assis là!

(Catin passe à gauche avec les paysannes [1].)

[1] Catin, mère Toby.

J'ai faim, dit-il, et bien vite
Je sers piquette et pain bis;
Puis il sèche ses habits,
Même à dormir le feu l'invite.
Au réveil, voyant mes pleurs,
Il me dit : « Bonne espérance!
« Je cours, de tous ses malheurs,
« Sous Paris, venger la France. »
Il part, et, comme un trésor,
J'ai depuis gardé son verre,
Gardé son verre.

CATIN.

Vous l'avez encor,
Grand'mère?

LA MÈRE TOBY.

Oui, pour moi c'est un trésor!

(Elle a été chercher le verre dans une armoire, à droite, et le donne à Catin, qui le contemple religieusement.)

CATIN.

Tenez grand'mère, voilà que vous nous faites toutes pleurer.

LA MÈRE TOBY.

Ça fait mal... mais ça fait aussi du bien... Nous parlerons souvent de lui, mon enfant... et, pour t'apprendre à l'aimer davantage et à chérir ton pays, nous lirons ensemble dans un livre que j'ai là. (Elle désigne la droite.)

CATIN.

Qu'est-ce que c'est donc que ce livre, grand'mère?

LA MÈRE TOBY.

Béranger!...

(Elle sort par la droite, suivie de Catin et des paysannes.)

CHANGEMENT A VUE.

Le fond de la chaumière disparaît et laisse voir un temple mythologique, où l'on aperçoit groupés : le Tailleur et la Fée, le Vieux Ménétrier, Paillasse, les Deux Grenadiers, le Chasseur et la Laitière,

Madame Grégoire, le Petit Homme gris, le Commissaire, la Grand'-Mère, l'Aveugle de Bagnolet, Jean, Roger Bontemps, le Roi d'Yvetot, Lisette, Frétillon et la Vivandière. — Pendant ce changement, un orgue-harmonium exécute l'air de la *Lisette de Béranger*.

SCÈNE XIV

LES CHANSONS.

ROGER BONTEMPS, au milieu du tableau, devant le berceau de Béranger.

AIR *de la Lisette de* FRÉDÉRIC BÉRAT, *accompagné par l'orgue.*

Béranger! nom qui nous enflamme
Et nous met des pleurs dans les yeux,
Béranger, tu pars, et ton âme,
En souriant, remonte vers les cieux.
A ton pays tu chantas l'espérance,
La liberté, la gloire et le printemps;
Pour s'acquitter, aujourd'hui, c'est la France
Qui te confie au Dieu des bonnes gens. *Bis.*

Ne crains pas qu'affaibli
Ton souvenir s'envole;
Ta muse, notre idole,
Peut défier l'oubli.
Et vous, de son génie,
Vous, glorieux enfants,
Si nobles, si touchants,
Toujours si consolants,
Soyez, dans tous les temps,
Les chants de la patrie!

(Le rideau baisse.)

LIBRAIRIE

PERROTIN

41, rue Fontaine-Molière, 41

CATALOGUE

DERNIÈRES CHANSONS

DE P. J. DE BÉRANGER

AVEC

UNE LETTRE ET UNE PRÉFACE DE L'AUTEUR

Un vol. in-8 cavalier. — Prix : 6 fr.

POUR PARAÎTRE PROCHAINEMENT :

BIOGRAPHIE DE BÉRANGER ÉCRITE PAR LUI-MÊME

AVEC UN APPENDICE

Ce volume sera accompagné d'un croquis de BÉRANGER, en pied, gravé à l'eau-forte. Ce dessin, d'une très-grande vérité, a été fait en 1834, par CHARLET.

Un vol. in-8 cavalier. — Prix, 6 fr.

CES DEUX VOLUMES COMPLÉTERONT LES ŒUVRES DU POÈTE NATIONAL

Dans quelques semaines paraîtront les gravures pour les dernières chansons

SOUVENIRS D'UN VOYAGE EN SIBÉRIE

PAR

CHRISTOPHE HANSTEEN

Directeur de l'Observatoire de Christiania.

1 fort volume in-8, avec une Carte itinéraire dressée par l'auteur. Prix. . . . . 6 fr.

HISTOIRE DES VILLES DE FRANCE

Avec une Introduction et un Résumé général pour chaque province, par M. Aristide Guilbert et une société de membres de l'Institut, de Savants, de Magistrats, d'Administrateurs, etc., ornée de 88 magnifiques gravures sur acier par Rouargue, de 133 armoiries coloriées des villes, et d'une carte de France par provinces.

Six vol. grand in 8 jésus, publiés en 184 livraisons à 50 cent. — L'ouvrage complet : 92 fr. — Chaque volume se vend séparément. 15 fr. 50 c.

LAMARTINE

HISTOIRE DE LA RÉVOLUTION DE 1848

Nouvelle édition complétement revue par l'auteur.

2 vol in-8, papier cavalier vélin. . . . . 12 fr.

Même édition, illustrée de 12 gravures sur acier. 15

LAMARTINE

RAPHAEL

Pages de la vingtième année, deuxième édition. 1 vol. in-8, cavalier vélin. Prix. . . . . 5 fr.

Même édition, illustrée de 6 gravures sur acier. . . . . . 7 50 c.

Le même ouvrage, 1 vol. in-18. Prix. 3 50

JOURNAL D'UN VOYAGE AUX MERS POLAIRES

EXÉCUTÉ A LA RECHERCHE DE SIR JOHN FRANKLIN, EN 1851 ET 1852

PAR J. R. BELLOT

Lieutenant de vaisseau, chevalier de la Légion d'honneur.

Précédé d'une notice sur la vie et les travaux de l'auteur, par M. J. Lemer, et accompagné d'une carte des régions arctiques, d'un fac-simile de l'écriture de l'auteur et de son portrait gravé sur acier. Un vol. in-8. Prix. . . . . 6 fr.

ŒUVRES COMPLÈTES DE BÉRANGER

Contenant les 10 chansons nouvelles. 2 vol. gr. in-18, papier vélin. 7 fr.

HISTOIRE D'ANGLETERRE

Depuis l'avénement de Jacques II, par T. B. MACAULAY, traduit de l'anglais par le baron JULES DE PEYRONNET.

2 forts volumes in-8. — Chaque volume. . . . . 5 fr.

MACAULAY. — HISTOIRE DU RÈGNE DE GUILLAUME III

Pour faire suite à l'*Histoire de la Révolution de* 1688, traduit de l'anglais par AMÉDÉE PICHOT.

3 volumes in-8. — Prix de chaque volume. . . . . 4 fr.

HISTOIRE DE LA GAULE

SOUS L'ADMINISTRATION ROMAINE, par AMÉDÉE THIERRY, *membre de l'Institut*, 4 forts volumes in-8. — Prix de chaque volume. . . . . . . 6 fr.

3 volumes sont en vente, le 4e et dernier paraîtra prochainement.

L'EMPEREUR ET LA GARDE IMPÉRIALE

Par CHARLET, magnifique collection de 46 dessins in-folio demi-colombier, lithographiés *par l'auteur lui-même*, accompagnés d'un Précis historique sur la Garde et d'une Notice sur les officiers généraux et supérieurs qui ont servi dans la Garde impériale, par ADRIEN PASCAL, et imprimés avec le plus grand soin sur beau papier. Publiés en 9 livraisons de 6 dessins.

Avec teintes rehaussées de coloris : la livraison, 10 fr. 50 c.; complet. . . . . 94 fr.

MÉTHODE B. WILHEM — MANUEL MUSICAL [1]

A l'usage des colléges, institutions, écoles et cours de chant. Méthode graduée pour le chant élémentaire et la lecture musicale, également applicable dans les écoles religieuses et laïques. Ouvrage adopté par l'Institut de France, approuvé et recommandé par le Conseil de l'Université, adopté par le Comité central d'instruction primaire de la Ville de Paris, et par la Société pour l'instruction élémentaire. Divisé en deux cours.

La méthode complète forme 2 vol. in-8. Prix, brochés. . .	9 fr.	50 c.
Premiers cours, 1 vol, in-8.	5	»
Second cours, 1 vol. in-8.	4	50
Se publient en 15 livr. de 32 à 40 pages. Prix de chaque. .	»	65

LA MÊME MÉTHODE IN-FOLIO, GRANDS TABLEAUX DE LECTURE MUSICALE, par B. WILHEM, sixième édition.

Premier cours, 50 feuilles in-folio, avec Guide de la Méthode.	8 fr.	»
Deuxième cours, 45 feuilles in-folio.	6	»
Indicateur vocal collé sur bois avec clefs et notes mobiles. .	4	50 c.

[1] Les élèves des écoles communales qui reçoivent deux leçons par semaine achèvent le premier cours en six ou huit mois, et dès lors ils font partie de l'Orphéon.

HISTOIRE DE MON TEMPS

Première série : Règne de Louis-Philippe ; seconde république : 1830-1851. Par le vicomte de Beaumont-Vassy. 4 vol. in-8. Chaque volume. 6 fr.
3 volumes sont en vente.

DICTIONNAIRE DE L'ARMÉE

Ou Recherches historiques sur l'art et les usages militaires des anciens et des modernes, par le général Bardin, auteur du *Manuel d'infanterie*, du *Mémorial de l'officier d'infanterie*, membre de l'Académie des sciences de Turin, collaborateur du complément du *Dictionnaire de l'Académie française*, du *Dictionnaire de la conversation*, de l'*Encyclopédie des gens du monde*, etc., etc. Ouvrage terminé sous la direction du général Oudinot de Reggio. 8 vol. grand in-8, formant 3,337 pages à 2 colonnes. 119 fr.

M. le Ministre de la guerre, appréciant le mérite de cet ouvrage, l'a signalé à l'armée par une **Circulaire du 26 février 1851, autorisant les Conseils d'administration à en faire l'acquisition.** Le livre de M. le général Bardin fruit de vingt-cinq années d'études et d'une expérience personnelle incontestée, est à la fois l'Encyclopédie des hommes de guerre, le traité pratique dont tout le monde a besoin aujourd'hui, et le livre populaire par excellence, qui fait aimer l'armée en la faisant connaître.

ORPHÉON — RÉPERTOIRE DE MUSIQUE VOCALE

En chœur, sans accompagnement instrumental, à l'usage des jeunes élèves et des adultes, composé de pièces inédites et de morceaux choisis dans les meilleurs auteurs, par B. WILHEM, ouvrage adopté pour les établissements universitaires par le Conseil de l'Université, et adopté par le Comité central de l'instruction primaire de la ville de Paris pour toutes les écoles communales — 9 vol. in-8. Chaque vol. 200 pages. . . . . 4 fr.

Il se publie aussi en 108 livr. Chaque livraison de 16 pages. » 35 c.

RECUEIL DES COMPOSITIONS COURONNÉES

PAR L'UNIVERSITÉ DE FRANCE (en 1847), ouvrage adopté par l'Université. 1 vol. in-8 de 150 pages de musique. Prix. . . . . . 3 fr. 50 c.

DE L'HUMANITÉ

De son Principe et de son Avenir, par Pierre Leroux. 2e édition. 2 vol. in-8. Prix. . . . . 10 fr.

TRAITÉ DU WHIST

Par Deschapelles. 1 vol. in-12. . . . . 5 fr.

HISTOIRE DE LA RÉVOLUTION FRANÇAISE

Par Louis Blanc, 10 vol. in-8, papier vélin.
Neuf volumes sont en vente. Chaque volume. . . . . 5 fr.

NOUVELLES PUBLICATIONS

DU CHANT CHORAL

Par Laurent de Rillé. 1 vol. in-18. Prix. . . . . 1 fr.

LA FAMILLE CAXTON

Par sir Édouard LYTTON BULWER; seule traduction complète, par Amédée Pichot. 2 vol. in-8. Prix. . . . . 10 fr.

GRAND PORTRAIT DE BÉRANGER

De 36 centim. de haut sur 28 de large.

DESSINÉ D'APRÈS NATURE PAR SANDOZ ET GRAVÉ AU BURIN PAR G. LÉVY

PRIX

Papier blanc, chaque épreuve. . 10 fr. | Épreuves d'artistes sur chine, ti-
Papier de Chine. . . . . 15 | rées à 80 exemplaires. . . . . 50 fr.

Papier de Chine, épreuves avant la lettre, tirées à 120 exempl. 40 fr.

ALBUM BÉRANGER

Par Grandville. 120 dessins gravés sur bois (premières épreuves), imprimés sur papier de Chine, formant 1 vol. grand in-8 cavalier, cartonné. Prix. . . . . 15 fr.

COLLECTION DE GRAVURES POUR LES ŒUVRES DE LAMARTINE

Histoire de la Révolution de 1848, 12 gravures sur acier, d'après Andrieux, Bonhommé, Grenier, Sandoz. . . . . 4 fr. 50 c.
Les mêmes, sur papier de Chine, avant la lettre. . . . . . 9 »

Raphaël, 6 dessins exécutés au burin sur acier, par Johannot. 3 »
Les mêmes, sur papier de Chine, avant la lettre. . . . . . . 6 »

Les Confidences, 5 dessins exécutés au burin sur acier par Johannot. . . . . 2 fr. 50 c.
Les mêmes, sur papier de Chine, avant la lettre. 5

Chaque collection se vend séparément.

ŒUVRES DE WALTER SCOTT

Traduction de M. Defauconpret; nouvelle édit., revue et corrigée avec le plus grand soin, *illustrée* de 25 magnifiques gravures d'après RAFFET, et de 25 portraits représentant l'héroïne de chaque roman. 25 volumes in-8 cavalier. Prix de chaque volume. . . . . 4 fr. 50 c.

Waverley. — Guy-Mannering. — L'Antiquaire. — Kenilworth. — Le Nain noir; les Puritains d'Ecosse. — La Prison d'Edimbourg. — Le Pirate. — Ivanhoë. — Le Monastère. — Rob-Roy. — Woodstock. — Nigel. — La Fiancée de Lammermoor. — L'Abbé. — Peveril du Pic. — Quentin Durward. — Les Eaux de Saint-Ronan. — Redgauntlet — Le Connétable de Chester. — Richard en Palestine. — Chroniques de la Canongate. — La Jolie fille de Perth. — Charles le Téméraire. — Robert de Paris. — Le Château périlleux.

LE MÊME OUVRAGE, orné de vignettes, de portraits, etc. 30 volumes in-8. . . . . 120 fr.

On vend séparément chaque volume.. 4

1. Waverley.
2. Guy-Mannering.
3. L'Antiquaire.
4. Rob-Roy.
5. Le Nain noir. / Les Puritains d'Écosse.
6. La Prison d'Edimbourg.
7. La Fiancée de Lammermoor. / L'Officier de fortune.
8. Ivanhoë.
9. Le Monastère.
10. L'Abbé.
11. Le Château de Kenilworth.
12. Le Pirate.
13. Les Aventures de Nigel
14. Peveril du Pic.
15. Quentin Durward.
16. Les Eaux de St-Ronan.
17. Redgauntlet.
18. Le Connétable de Chester.
19. Richard en Palestine
20. Woodstock.
21. Chroniques de la Canongate.
22. La Jolie fille de Perth.
23. Charles le Téméraire.
24. Robert de Paris.
25. Le Château périlleux.
26. Histoire d'Écosse. T. I.
27. Histoire d'Ecosse. II.
28. Histoire d'Ecosse. III.
29. Romans poétiques. I.
30. Romans poétiques. II.

ŒUVRES DE J. FENIMORE COOPER

Traduction de M. Defauconpret, ornée de 84 vignettes d'après les dessins de MM. Alfred et Tony Johannot. 30 volumes in-8. . . . . 120 fr.

On vend séparément chaque volume. . . . . 4 fr.

1. La Précaution.
2. L'Espion.
3. Le Pilote.
4. Lionel Lincoln.
5. Le Dernier des Mohicans
6. Les Pionniers.
7. La Prairie.
8. Le Corsaire Rouge.
9. Les Puritains d'Amérique.
10. L'Ecumeur de Mer.
11. Le Bravo.
12. L'Heidenmauer.
13. Le Bourreau de Berne.
14. Les Monikins.
15. Le Paquebot américain.
16. Eve Effingham.
17. Le Lac Ontario.
18. Mercédès de Castille.
19. Le Tueur de daims.
20. Les Deux Amiraux.
21. Le Feu follet.
22. A Bord et à Terre.
23. Lucie Hardinge.
24. Wyandoté, ou Fleur des Bois.
25. Satanstoe.
26. Le Porte-Chaîne.
27. Ravensnest.
28. Les Lions de mer.
29. Le Cratère.
30. Les Mœurs du jour.

PARIS. — IMP. DE SIMON RAÇON ET COMP., RUE D'ERFURTH, 1.

www.ingramcontent.com/pod-product-compliance
Ingram Content Group UK Ltd.
Pitfield, Milton Keynes, MK11 3LW, UK
UKHW021517260726
13993UKWH00004B/1736

9 782329 317816